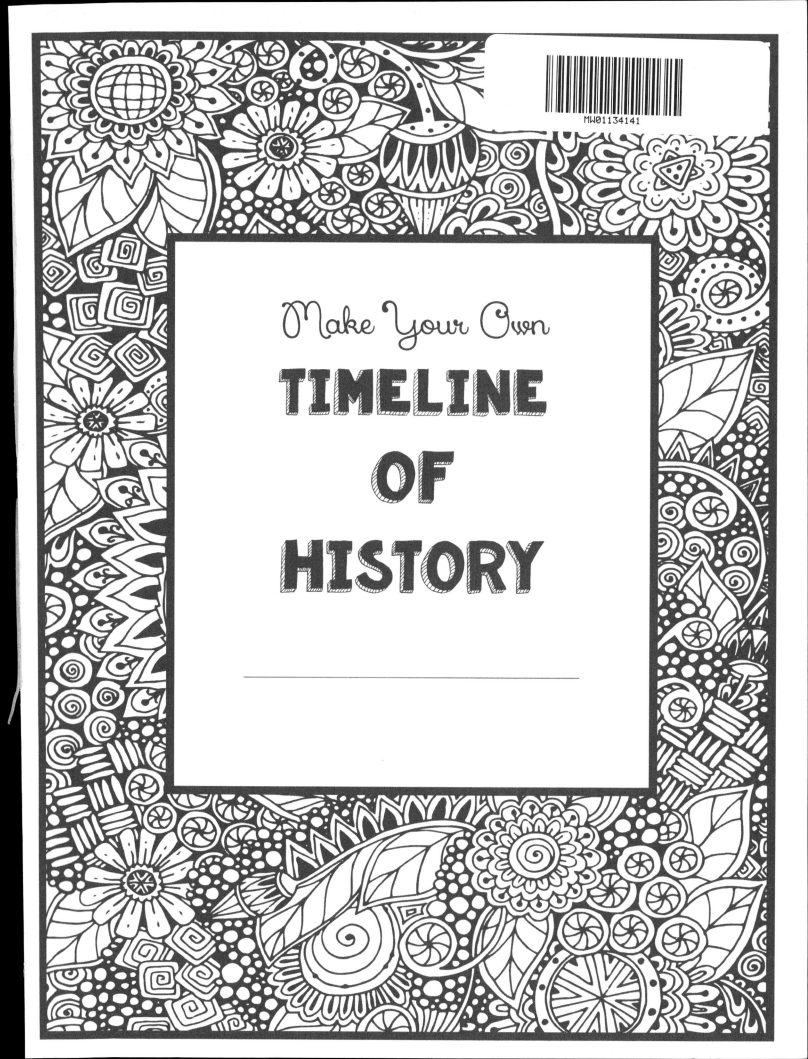

Make Your Own

TIMELINE

OF

HISTORY

Time Period:

Time Period:

Time Period:

Time Period:

Time Period:

Time Period:

Time Period:

Time Period:

Time Period:

Time Period:

Time Period:

Time Period:

Time Period:

Time Period:

Time Period:

Time Period:

Time Period:

Time Period:

Time Period:

Time Period:

Time Period:

Time Period:

Time Period:

Time Period:

Time Period:

Time Period:

Time Period:

Time Period:

Time Period:

Time Period:

Time Period:

Time Period:

Time Period:

Time Period:

Time Period:

Time Period:

Time Period:

Time Period:

Time Period:

Time Period:

_____

Time Period:

Time Period:

Time Period:

Time Period:

Time Period:

Time Period:

Time Period:

Time Period:

Time Period:

Time Period:

_____

_____
_____
_____
_____
_____
_____
_____
_____
_____
_____
_____

Time Period:

Time Period:

Time Period:

Time Period:

_____

_____
_____
_____
_____
_____
_____
_____
_____
_____
_____
_____

Time Period:

Time Period:

Time Period:

Time Period:

Time Period:

Time Period:

Time Period:

Time Period:

Time Period:

_____

_____
_____
_____
_____
_____
_____
_____
_____
_____
_____

Time Period:

Time Period:

Time Period:

Time Period:

Time Period:

_____

Time Period:

Time Period:

Time Period:

Time Period:

Time Period:

Time Period:

Time Period:

Time Period:

_____

Time Period:

_____
_____
_____
_____
_____
_____
_____
_____
_____
_____
_____
_____

Time Period:

Time Period:

Time Period:

Time Period:

Time Period:

Time Period:

Time Period:

_____

_____
_____
_____
_____
_____
_____
_____
_____
_____
_____
_____

Time Period:

Time Period:

Time Period:

Time Period:

Time Period:

Time Period:

Time Period:

Time Period:

_____

Time Period:

Time Period:

Time Period:

Time Period:

Time Period:

Time Period:

Time Period:

Time Period:

_____

Time Period:

Time Period:

Time Period:

Time Period:

Time Period:

_____

_____
_____
_____
_____
_____
_____
_____
_____
_____
_____

Time Period:

Time Period:

Time Period:

Time Period:

Time Period:

Time Period:

Time Period:

Time Period:

Time Period:

Time Period:

Time Period:

Time Period:

Time Period:

Time Period:

Time Period:

Time Period:

Time Period:

Time Period:

Time Period:

_____

Time Period:

Time Period:

_____

_____
_____
_____
_____
_____
_____
_____
_____
_____
_____

Time Period:

Time Period:

Time Period:

Time Period:

Time Period:

Time Period:

Time Period:

Time Period:

Time Period:

Time Period:

_____

Time Period:

Time Period:

_____

Time Period:

Time Period:

Time Period:

Time Period:

Time Period:

Time Period:

_____

Time Period:

Time Period:

Time Period:

Time Period:

_____

Time Period:

Time Period:

Time Period:

Time Period:

Time Period:

Time Period:

Time Period:

Time Period:

_____

Time Period:

Time Period:

Time Period:

Time Period:

Time Period:

Time Period:

Time Period:

Time Period:

Time Period:

Time Period:

Time Period:

Time Period:

_____

Time Period:

Time Period:

Time Period:

Time Period:

_____

_____
_____
_____
_____
_____
_____
_____
_____
_____

Time Period:

Time Period:

Time Period:

Time Period:

Time Period:

Time Period:

Time Period:

Time Period:

Time Period:

Time Period:

Time Period:

Time Period:

_____

Time Period:

_____

—

_____
_____
_____
_____
_____
_____
_____
_____
_____
_____
_____

Time Period:

Time Period:

Time Period:

Time Period:

Time Period:

Time Period:

Time Period:

Time Period:

Time Period:

Time Period:

Time Period:

_____

Time Period:

_____
_

Time Period:

Time Period:

Time Period:

Time Period:

Time Period:

Time Period:

Time Period:

_____

Time Period:

Time Period:

Time Period:

_____

_____
_____
_____
_____
_____
_____
_____
_____
_____

Time Period:

Time Period:

Time Period:

Time Period:

Time Period:

Time Period:

Time Period:

Time Period:

Time Period:

Time Period:

Time Period:

Time Period:

Time Period:

Time Period:

Time Period:

Time Period:

Time Period:

Time Period:

_____

Time Period:

Time Period:

Time Period:

Time Period:

Time Period:

Time Period:

Time Period:

Time Period:

Time Period:

Time Period:

Time Period:

Time Period:

Time Period:

Time Period:

Time Period:

Time Period:

Time Period:

_____

Time Period:

Time Period:

_____

Time Period:

Time Period:

Time Period:

Time Period:

_____

Time Period:

Time Period:

Time Period:

Time Period:

Time Period:

Time Period:

Time Period:

Time Period:

Time Period:

Time Period:

Time Period:

Time Period:

Time Period:

Time Period:

Time Period:

Time Period:

Time Period:

_____

_____

_____

_____

_____

_____

_____

_____

_____

_____

_____

Time Period:

Time Period:

Time Period:

Time Period:

_____

_____
_____
_____
_____
_____
_____
_____
_____
_____
_____
_____
_____

Time Period:

Time Period:

Time Period:

Time Period:

Time Period:

Time Period:

_____

_____

_____

_____

_____

_____

_____

_____

_____

_____

_____

Time Period:

_____

_____
_____
_____
_____
_____
_____
_____
_____
_____
_____
_____

Time Period:

Time Period:

Time Period:

_____
_

_____
_____
_____
_____
_____
_____
_____
_____
_____
_____
_____

Time Period:

_____

Time Period:

Time Period:

Time Period:

Time Period:

_____

Time Period:

Time Period:

_____

Time Period:

Time Period:

Time Period:

Time Period:

Time Period:

_____

Time Period:

Time Period:

Time Period:

Time Period:

Time Period:

Time Period:

Time Period:

_____

_____
_____
_____
_____
_____
_____
_____
_____
_____
_____
_____

Time Period:

Time Period:

Time Period:

Time Period:

Time Period:

Time Period:

_____

Time Period:

Time Period:

Time Period:

Time Period:

Time Period:

Time Period:

Time Period:

Time Period:

_____

_____
_____
_____
_____
_____
_____
_____
_____
_____

Time Period:

Time Period:

Time Period:

Time Period:

_____

Time Period:

Time Period:

Time Period:

Time Period:

Time Period:

_____

_____
_____
_____
_____
_____
_____
_____
_____
_____
_____
_____
_____
_____

Time Period:

Time Period:

Time Period:

Time Period:

Time Period:

Time Period:

_____

Time Period:

_____

Time Period:

Time Period:

_____

Time Period:

Time Period:

Time Period:

Time Period:

_____

Time Period:

Time Period:

_____

Time Period:

Time Period:

Time Period:

Time Period:

Time Period:

Time Period:

Time Period:

Time Period:

Time Period:

Time Period:

Time Period:

Time Period:

Time Period:

Time Period:

Time Period:

Time Period:

_____

Time Period:

Time Period:

Time Period:

Time Period:

Time Period:

Time Period:

Time Period:

Time Period:

_____

_____
_____
_____
_____
_____
_____
_____
_____
_____
_____
_____

Time Period:

Time Period:

Time Period:

Time Period:

Time Period:

_____

Time Period:

_____

_____
_____
_____
_____
_____
_____
_____
_____
_____
_____

Do It Yourself
HOMESCHOOL
JOURNALS

Copyright Information

Contact Us:

The Thinking Tree LLC

617 N. Swope St. Greenfield, IN 46140. United States

317.622.8852 PHONE (Dial +1 outside of the USA) 267.712.7889 FAX

www.DyslexiaGames.com

jbrown@DyslexiaGames.com

Made in the USA
Middletown, DE
03 July 2024

56802388R00205